Impressum

Verlag: BABADADA GmbH, Nedderfeld 112 , 22529 Hamburg

Geschäftsführer / Verlagsleitung: Harald Hof

Druck: Books on Demand GmbH, In de Tarpen 42, 22848 Norderstedt

Imprint

Publisher: BABADADA GmbH, Nedderfeld 112 , 22529 Hamburg, Germany

Managing Director / Publishing direction: Harald Hof

Print: Books on Demand GmbH, In de Tarpen 42, 22848 Norderstedt, Germany

学校
Szkoła

割り算
dzielić

186/2

黒板
Tablica

教室
Sala lekcyjna

校庭
Dziedziniec szkolny

教師
Nauczyciel

紙
Papier

書く
pisać

ペン
Pisak

事務机
Biurko

定規
Liniał

本
Książka

生徒
Uczeń

ランドセル

Plecak szkolny

筆入れ

Piórnik

鉛筆

Ołówek

鉛筆削り

Temperówka

消しゴム

Gumka do mazania

スケッチブック

Blok rysunkowy

スケッチ

Rysunek

絵筆

Pędzel

絵の具箱

Pudełko z akwarelami

はさみ

Nożyce

接着剤

Klej

練習帳

Książka do ćwiczenia

宿題

Zadanie domowe

数

Liczba

足し算

dodawać

引き算

odejmować

かけ算

mnożyć

計算する

liczyć

文字

Litera

アルファベット

Alfabet

単語

Słowo

テキスト
Tekst

読む
czytać

チョーク
Kreda

授業
Godzina

学級日誌
Dziennik lekcyjny

試験
Egzamin

通知表
Świadectwo

制服
Mundurek szkolny

教育
Wykształcenie

百科事典
Leksykon

大学
Uniwersytet

顕微鏡
Mikroskop

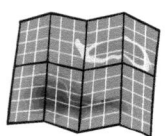

地図
Mapa

ごみ箱
Kosz na odpadki

旅行

Podróż

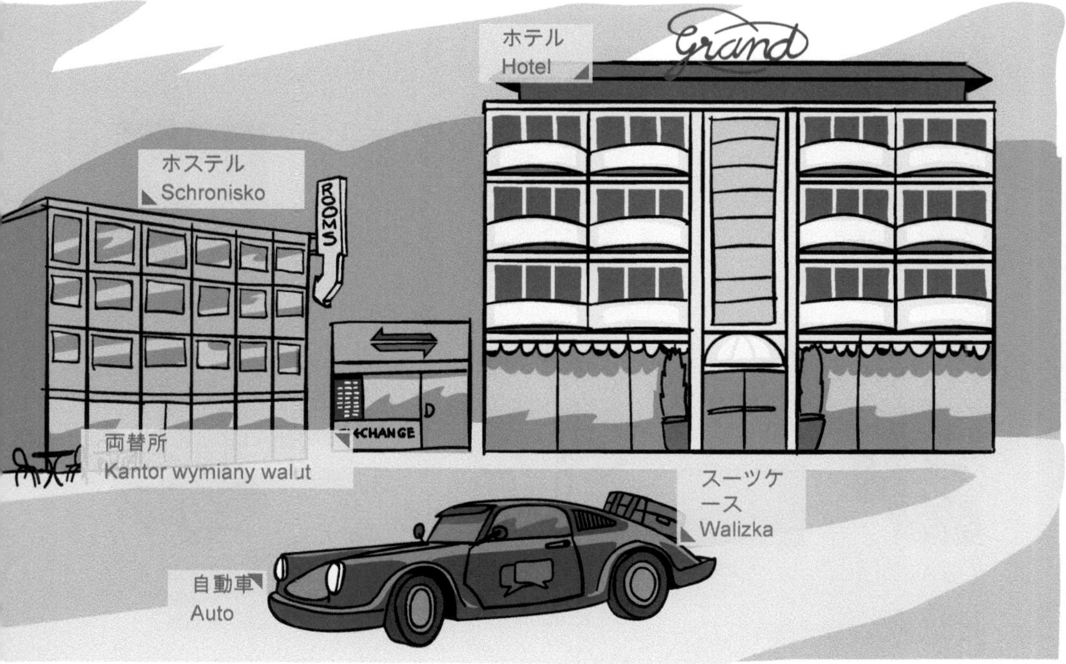

ホテル
Hotel
Grand
ホステル
Schronisko
ROOMS
両替所
Kantor wymiany walut
EXCHANGE
スーツケース
Walizka
自動車
Auto

言語

Język

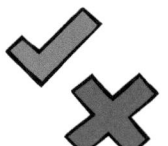

はい / いいえ

tak / nie

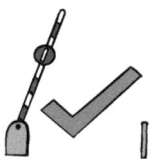

問題ない

OK

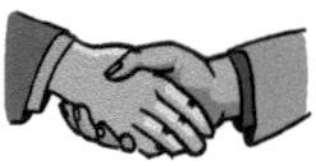

ハロー

Halo

翻訳者

Tłumacz

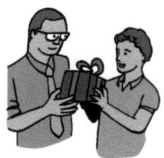

ありがとう

Dziękuję

…はいくらですか？

Ile kosztuje …?

わかりません

Nie rozumiem

問題

Problem

こんばんは！

Dobry wieczór!

おはようございます！

Dzień dobry!

おやすみなさい！

Dobranoc!

さようなら

Do widzenia

方向

Kierunek

手荷物

Bagaż

バッグ

Torba

リュックサック

Plecak

お客様

Gość

部屋

Pokój

寝袋

Śpiwór

テント

Namiot

旅行者情報

Informacja turystyczna

ビーチ

Plaża

クレジットカード

Karta kredytowa

朝食

Śniadanie

昼食

Obiad

夕食

Kolacja

チケット

Bilet

エレベーター

Winda

スタンプ

Znaczek na list

境界

Granica

税関

Cło

大使館

Ambasada

ビザ

Wiza

パスポート

Paszport

輸送

Transport

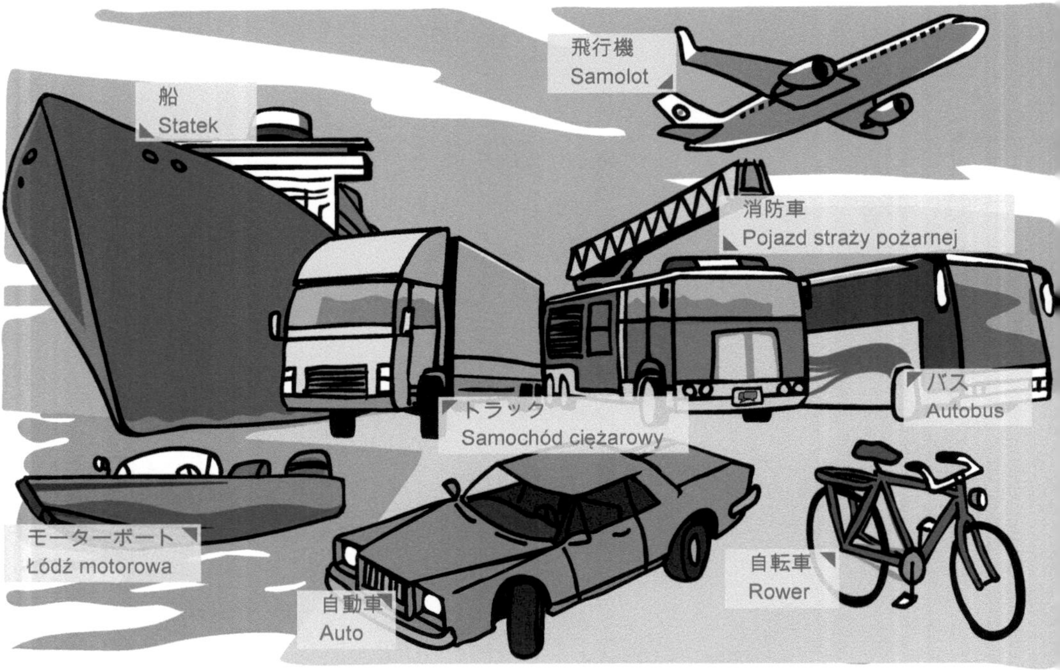
飛行機
Samolot
船
Statek
消防車
Pojazd straży pożarnej
バス
Autobus
トラック
Samochód ciężarowy
モーターボート
Łódź motorowa
自転車
Rower
自動車
Auto

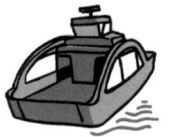

フェリー

Prom

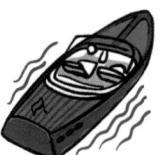

ボート

Łódź

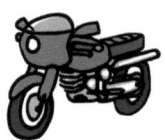

バイク

Motocykl

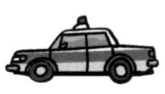

パトカー

Radiowóz policyjny

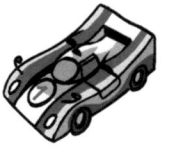

レーシングカー

Samochód wyścigowy

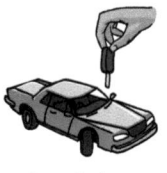

レンタカー

Samochód wypożyczony

カーシェアリング

Wspólne przejazdy
samochodem

レッカー車

Samochód pomocy
drogowej

ごみ収集車

Śmieciarka

モーター

Silnik

燃料

Benzyna

ガソリンスタンド

Stacja benzynowa

交通標識

Znak drogowy

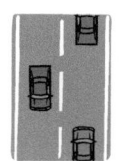

交通

Ruch

渋滞

Korek

駐車場

Parking

駅

Dworzec

道

Szyny

列車

Pociąg

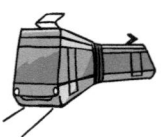

路面電車

Tramwaj

車両

Wagon

ヘリコプター
Helikopter

空港
Lotnisko

タワー
Wieża

乗客
Pasażer

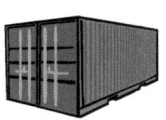

コンテナ
Kontener

段ボール箱
Karton

カート
Taczka

カゴ
Kosz

離陸 / 着陸
startować / lądować

都市
Miasto

村
Wieś

都心
Centrum miasta

家
Dom

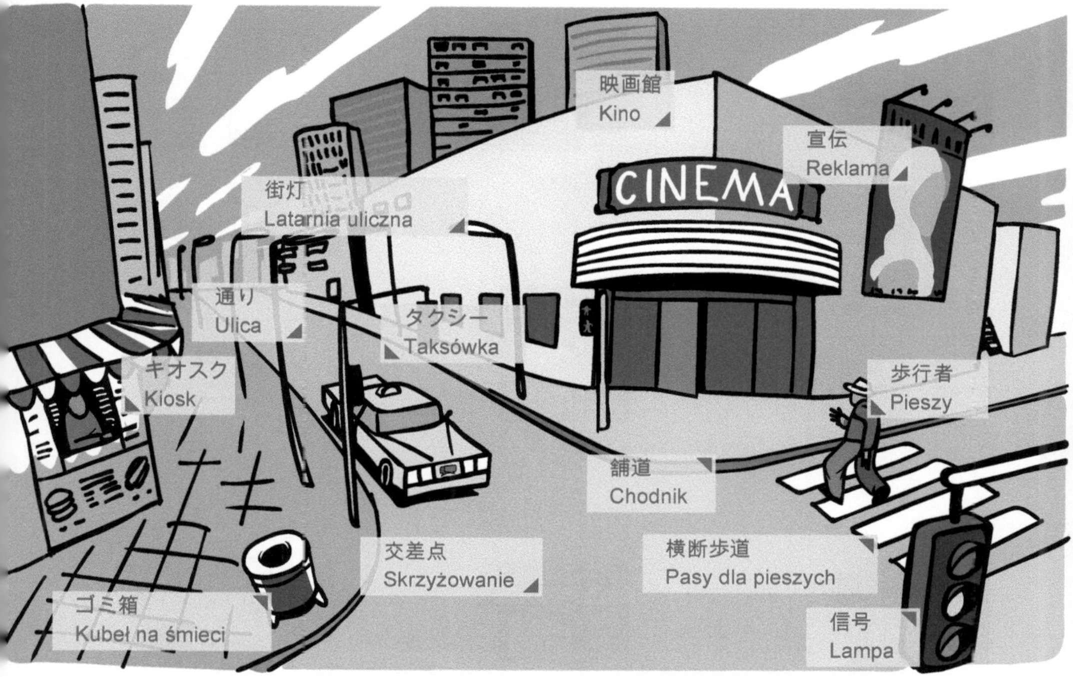
映画館
Kino
宣伝
Reklama
CINEMA
街灯
Latarnia uliczna
通り
Ulica
タクシー
Taksówka
キオスク
Kiosk
歩行者
Pieszy
舗道
Chodnik
交差点
Skrzyżowanie
横断歩道
Pasy dla pieszych
ゴミ箱
Kubeł na śmieci
信号
Lampa

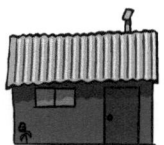

小屋

Chata

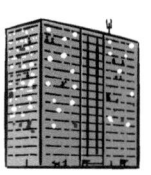

アパート

Mieszkanie

駅

Dworzec

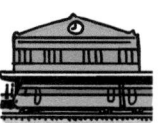

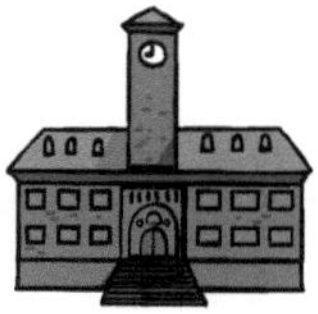

市役所

Ratusz

MUSEUM

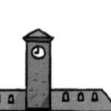

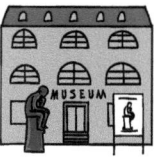

美術館

Muzeum

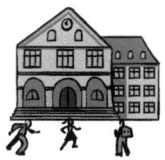

学校

Szkoła

大学

Uniwersytet

銀行

Bank

病院

Szpital

ホテル

Hotel

薬局

Apteka

オフィス

Biuro

書店

Księgarnia

ショップ

Sklep

花屋

Kwiaciarnia

スーパーマーケット

Supermarket

市場

Rynek

デパート

Dom towarowy

魚屋

Sklep z rybami

ショッピングセンター

Centrum handlowe

港

Port

公園

Park

ベンチ

Ławka

橋

Most

階段

Schody

地下鉄

Metro

トンネル

Tunel

バス停

Przystanek autobusowy

バー

Bar

レストラン

Restauracja

ポスト

Skrzynka na listy

道路標識

Tabliczka z nazwą ulicy

パーキングメーター

Parkometr

動物園

Zoo

スイミングプール

Łaźnia

モスク

Meczet

農場

Gospodarstwo chłopskie

汚染

Zanieczyszczenie środowiska

墓地

Cmentarz

教会

Kościół

遊び場

Plac zabaw

寺

Świątynia

風景
Krajobraz

葉
Liść

道標
Drogowskaz

道
Droga

草地
Łąka

石
Kamień

木
Drzewo

ハイカー
Wędrowiec

川
Rzeka

草
Trawa

花
Kwiat

谷
Dolina

山
Góra

湖
Jezioro

森
Las

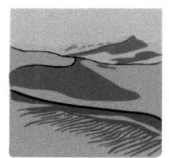

砂漠
Pustynia

火山
Wulkan

城
Zamek

虹
Tęcza

キノコ
Grzyb

ヤシの木
Palma

蚊
Komar

ハエ
Mucha

蟻
Mrówka

ミツバチ
Pszczoła

クモ
Pająk

カブトムシ

Chrząszcz

蛙

Żaba

リス

Wiewiórka

ハリネズミ

Jeż

ウサギ

Zając

フクロウ

Sowa

鳥

Ptak

白鳥

Łabędź

雄豚

Dzik

鹿

Jeleń

ヘラジカ

Łoś

ダム

Tama

風力タービン

Wiatrak

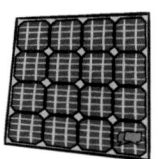

ソーラーパネル

Moduł solarny

気候

Klimat

レストラン
Restauracja

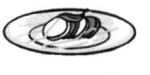

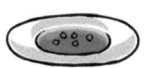

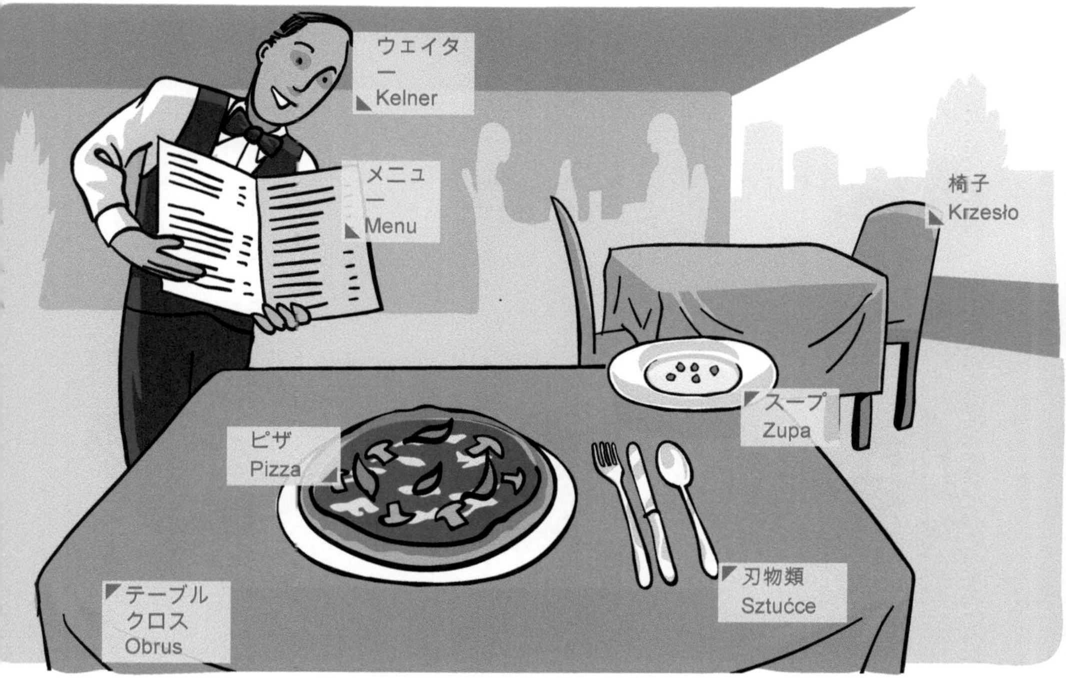

ウエイター
Kelner
メニュー
Menu
椅子
Krzesło
スープ
Zupa
ピザ
Pizza
刃物類
Sztućce
テーブルクロス
Obrus

前菜

Przystawka

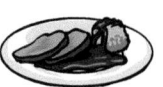

メインコース

Danie główne

デザート

Deser

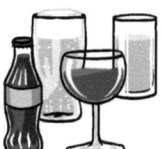

飲み物

Napoje

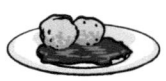

食べ物

Jedzenie

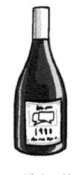

ボトル

Butelka

ファストフード

Fastfood

屋台の食べ物

Streetfood

ティーポット

Dzbanek na herbatę

砂糖入れ

Cukierniczka

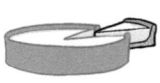

一人前

Porcja

エスプレッソマシン

Zaparzarka do espresso

幼児用食事椅子

Krzesło dla dziecka

請求書

Rachunek

トレー

Taca

ナイフ

Noż

フォーク

Widelec

スプーン

Łyżka

ティースプーン

Łyżeczka

ナプキン

Serwetka

グラス

Szklanka

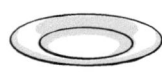

皿
Talerz

スープ皿
Talerz do zupy

受け皿
Podstawek pod filiżankę

ソース
Sos

塩入れ
Solniczka

ペッパーミル
Młynek do pieprzu

酢
Ocet

油
Olej

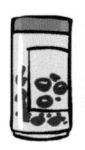

スパイス
Przyprawy

ケチャップ
Keczup

マスタード
Musztarda

マヨネーズ
Majonez

スーパーマーケット
Supermarket

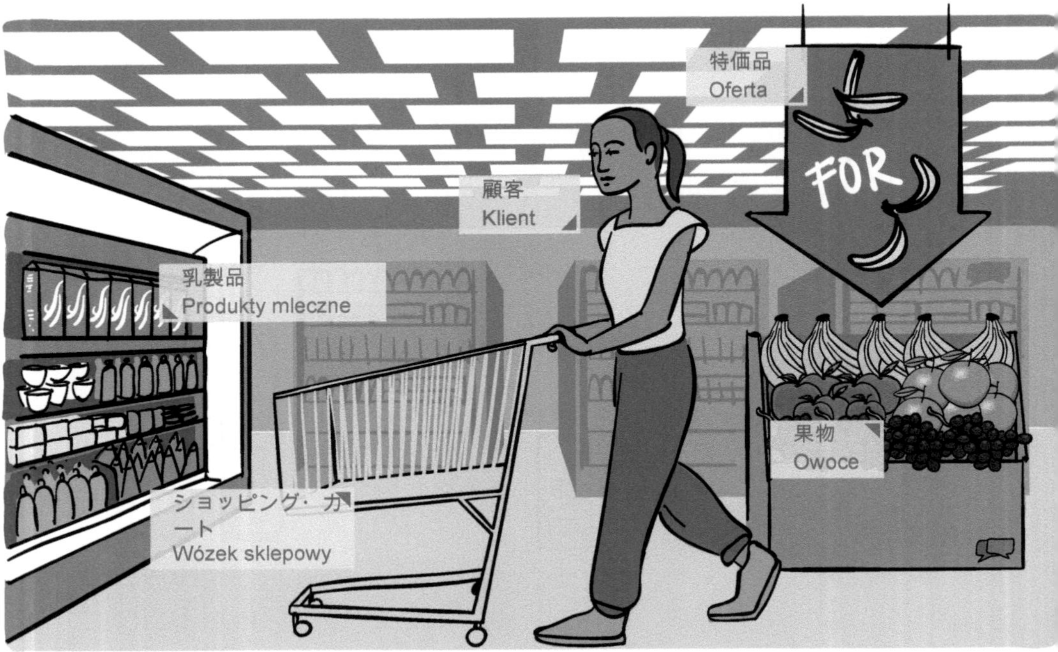

特価品
Oferta
FOR
顧客
Klient
乳製品
Produkty mleczne
果物
Owoce
ショッピング・カート
Wózek sklepowy

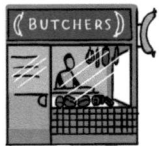

BUTCHERS

肉屋

Rzeźnia

BAKERY

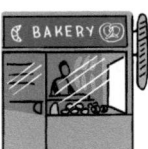

パン屋

Piekarnia

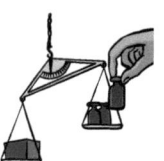

重さをはかる

ważyć

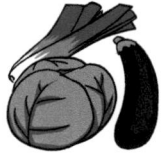

野菜

Warzywa

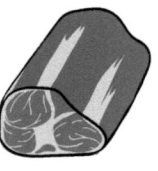

肉

Mięso

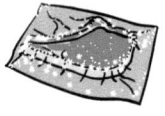

冷凍食品

Mrożonki

冷肉の薄切り

Wędliny

缶詰食品

Konserwy

洗剤

Proszek m do prania

菓子

Słodycze

家庭用品

Artykuły użytku domowego

清掃用品

Środek czyszczący

販売員

Sprzedawczyni

現金箱

Kasa

レジ係

Kasjer

買い物リスト

Lista zakupów

開館時刻

Godziny otwarcia

財布

Portfel

クレジットカード

Karta kredytowa

バッグ

Torba

ポリ袋

Torebka plastikowa

スーパーマーケット - Supermarket

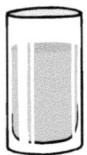

水

Woda

ジュース

Sok

牛乳

Mleko

コーラ

Cola

ワイン

Wino

ビール

Piwo

アルコール

Alkohol

ココア

Kakao

紅茶

Herbata

コーヒー

Kawa

エスプレッソ

Espresso

カプチーノ

Cappuccino

バナナ

Banan

リンゴ

Jabłko

オレンジ

Pomarańcza

メロン

Arbuz

レモン

Cytryna

ニンジン

Marchew

ニンニク

Czosnek

竹

Bambus

玉ねぎ

Cebula

キノコ

Grzyb

ナッツ

Orzechy

ヌードル

Makaron

スパゲッティ

Spaghetti

米

Ryż

サラダ

Sałatka

フライドポテト

Frytki

フライドポテト

Ziemniaki pieczone

ピザ

Pizza

ハンバーガー

Hamburger

サンドウィッチ

Kanapka

カツレツ

Sznycel

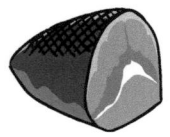

ハム

Szynka

サラミ

Salami

ソーセージ

Kiełbasa

鶏肉

Kura

焼き

Pieczeń

魚

Ryba

麦のお粥

Płatki owsiane

ムーズリ

Musli

コーンフレーク

Płatki kukurydziane

小麦粉

Mąka

クロワッサン

Croissant

ロールパン

Bułka

パン

Chleb

トースト

Toast

ビスケット

Ciastka

バター

Masło

カッテージチーズ

Twarożek

ケーキ

Ciasto

卵

Jajko

目玉焼き

Jajko sadzone

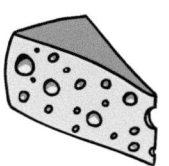

チーズ

Ser

アイスクリーム

Lody

砂糖

Cukier

はちみつ

Miód

ジャム

Marmolada

ヌガークリーム

Krem nugatowy

カレー

Curry

Gospodarstwo chłopskie

農家
Dom roln ka

納屋
Stodoła

ストローベール
Baloty słomy

畑
Pole

馬
Koń

トレーラー
Przyczepa

子馬
Żrebię

トラクター
Traktor

ロバ
Osioł

羊
Owca

子羊
Jagnię

ヤギ
Koza

雌牛
Krowa

子牛
Cielę

豚
Świnia

子豚
Prosię

雄牛
Byk

ガチョウ

Gęś

アヒル

Kaczka

ひよこ

Kurczątko

にわとり

Kura

おんどり

Kogut

ネズミ

Szczur

猫

Kot

ねずみ

Mysz

雄牛

Osioł

犬

Pies

犬小屋

Buda dla psa

散水ホース

Wąż ogrodowy

じょうろ

Konewka

大鎌

Kosa

すき

Pług

草刈り鎌
Sierp

くわ
Graca

堆肥用フォーク
Widły

斧
Siekiera

手押し車
Taczka

かいばおけ
Koryto

牛乳缶
Kanka na mleko

袋
Worek

フェンス
Płot

畜舎
Stajnia

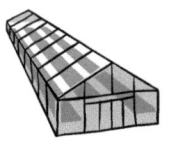

温室
Szklarnia

土壌
Ziemia

種
Nasiona

肥料
Nawóz

コンバイン
Kombajn zbożowy

収穫する
zbierać

収穫
Żniwa

ヤマイモ
Podchrzyn

小麦
Pszenica

大豆
Soja

じゃがいも
Ziemniak

トウモロコシ
Kukurydza

菜種
Rzepak

果樹
Drzewo owocowe

キャッサバ
Maniok

穀物
Zboże

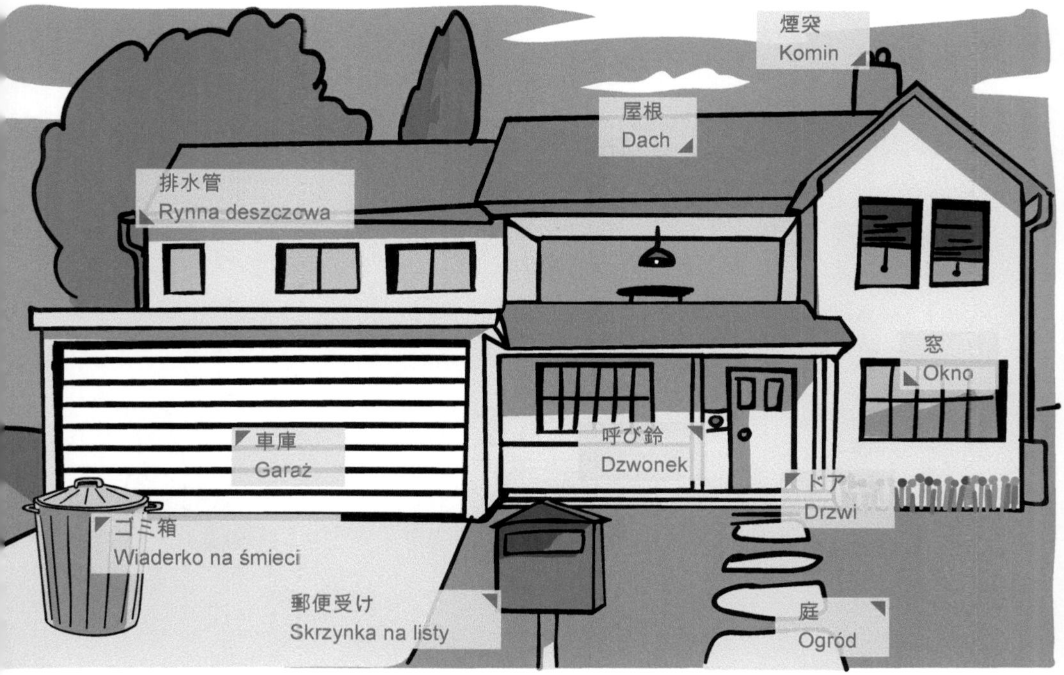

煙突
Komin

屋根
Dach

排水管
Rynna deszczowa

窓
Okno

車庫
Garaż

呼び鈴
Dzwonek

ドア
Drzwi

ゴミ箱
Wiaderko na śmieci

郵便受け
Skrzynka na listy

庭
Ogród

リビングルーム

Pokój dzienny

浴室

Łazienka

台所

Kuchnia

寝室

Sypialnia

子供部屋

Pokój dziecięcy

ダイニング・ルーム

Jadalnia

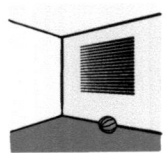

床
Ziemia

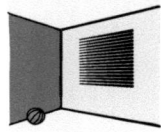

壁
Ściana

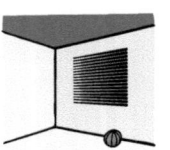

天井
Koc

地下貯蔵庫
Piwnica

サウナ
Sauna

バルコニー
Balkon

テラス
Taras

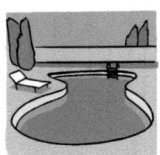

プール
Basen

芝刈り機
Kosiarka do trawy

シーツ
Poszwa

ベッドカバー
Kołdra

ベッド
Łóżko

ほうき
Miotła

バケツ
Wiadro

スイッチ
Włącznik

リビングルーム
Pokój dzienny

壁紙
Tapeta
絵
Obraz
ランプ
Lampa
棚
Regał
食器棚
Szafa
テレビ
Telewizor
暖炉
Komin
花
Kwiat
クッション
Poduszka
ソファ
Kanapa
花瓶
Wazon
リモコン
Pilot

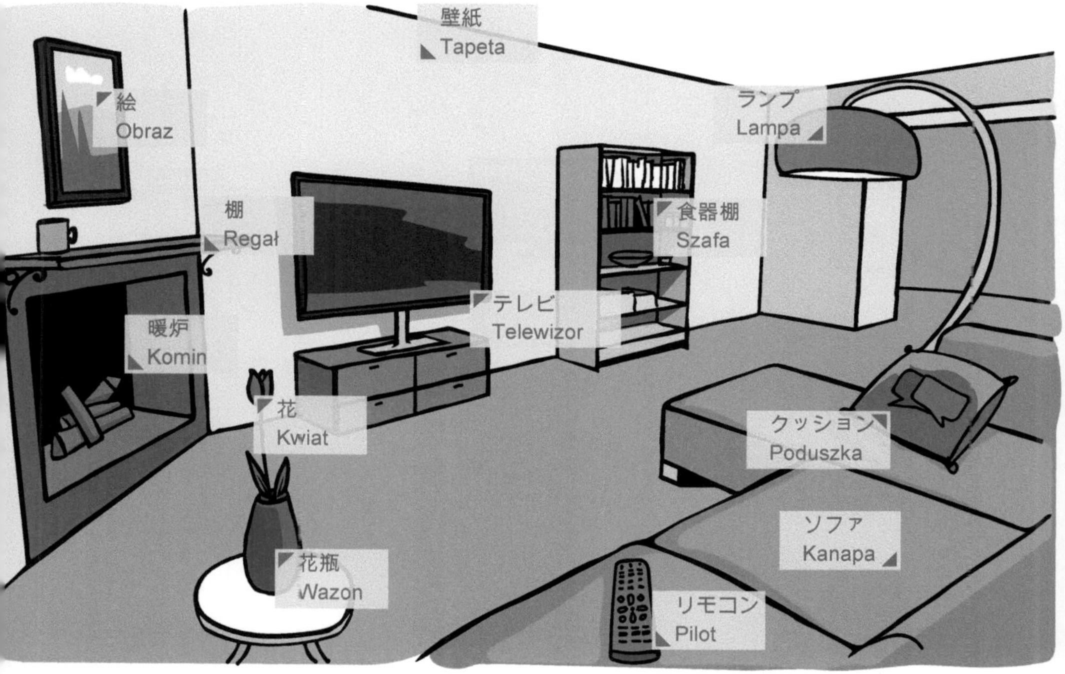

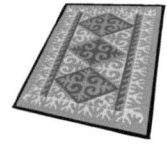

カーペット
Dywan

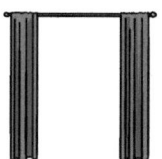

カーテン
Zasłona

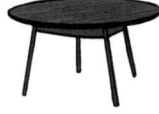

テーブル
Stół

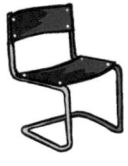

椅子
Krzesło

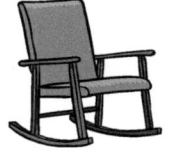

ロッキングチェア
Bujak

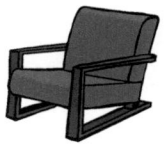

ひじ掛け椅子
Fotel

本
Książka

毛布
Sufit

飾り
Dekoracja

たきぎ
Drewno kominkowe

映画
Film

ステレオ
Instalacja stereo

鍵
Klucz

新聞
Gazeta

絵画
Malunek

ポスター
Plakat

ラジオ
Radio

メモ帳
Notatnik

掃除機
Odkurzacz

サボテン
Kaktus

ろうそく
Świeczka

台所
Kuchnia

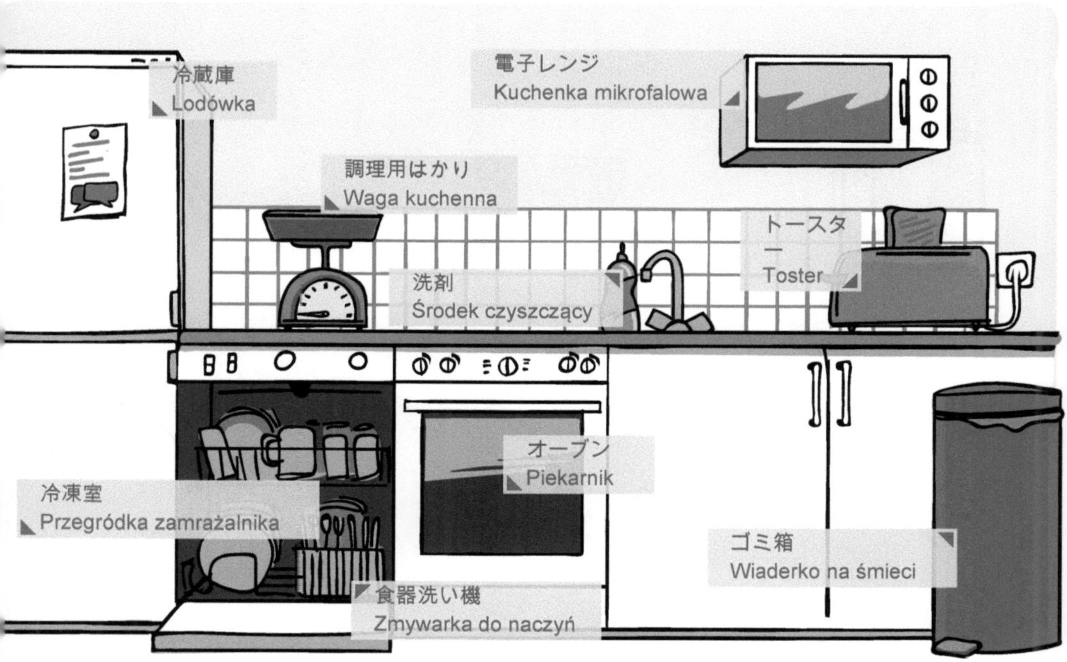
冷蔵庫
Lodówka
電子レンジ
Kuchenka mikrofalowa
調理用はかり
Waga kuchenna
トースタ
ー
Toster
洗剤
Środek czyszczący
オーブン
Piekarnik
冷凍室
Przegródka zamrażalnika
ゴミ箱
Wiaderko na śmieci
食器洗い機
Zmywarka do naczyń

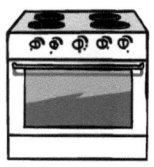

こんろ

Kuchenka

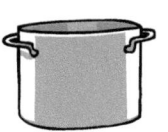

鍋

Garnek

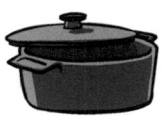

鉄鍋

Kocioł żeliwny

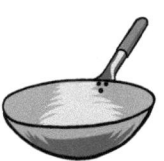

中華鍋/ カダイ鍋

Wok / Kadai

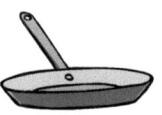

フライパン

Patelnia

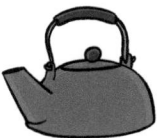

やかん

Czajnik

蒸し器

Parowar

天板

Blacha do pieczenia

食器

Naczynia kuchenne

マグカップ

Kubek

ボウル

Miska

箸

Pałeczki

おたま

Nabierka

へら

Łopatka do smażenia

泡立て器

Trzepaczka do śmietany

こし器

Cedzak

ふるい

Sitko

すりおろし器

Tarka

すり鉢

Moździerz

バーベキュー

Grillowanie

かまど

Palenisko

まな板
Deska

麺棒
Wałek do ciasta

栓抜き
Korkociąg

缶
Puszka

缶切り
Otwieracz do puszek

鍋つかみ
Ściereczka do trzymania garnka

流し
Umywalka

ブラシ
Szczotka

スポンジ
Gąbka

ミキサー
Mikser

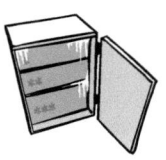

冷凍庫
Zamrażarka

哺乳瓶
Butelka dla niemowlęcia

蛇口
Kran

浴室
Łazienka

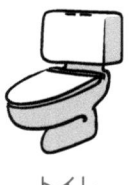

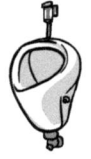

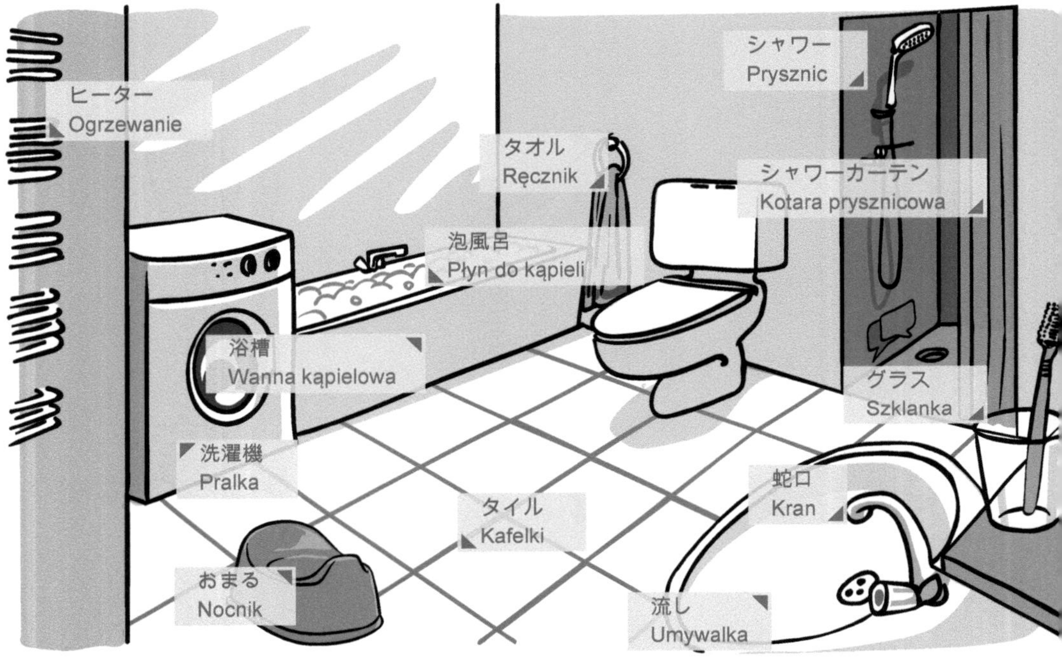

ヒーター
Ogrzewanie
タオル
Ręcznik
シャワー
Prysznic
シャワーカーテン
Kotara prysznicowa
泡風呂
Płyn do kąpieli
浴槽
Wanna kąpielowa
洗濯機
Pralka
グラス
Szklanka
蛇口
Kran
タイル
Kafelki
おまる
Nocnik
流し
Umywalka

トイレ

Toaleta

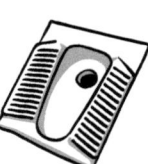

和式トイレ

Toaleta kuczna

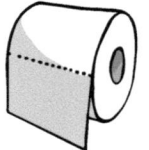

ビデ

Bidet

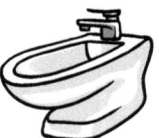

小便器

Pisuar

トイレットペーパー

Papier toaletowy

トイレブラシ

Szczotka toaletowa

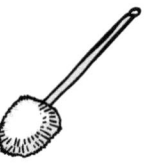

歯ブラシ

Szczoteczka do zębów

歯みがき

Pasta do zębów

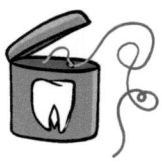

デンタルフロス

Nitki do czyszczenia zębów

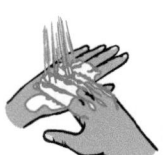

洗う

myć

シャワーヘッド

Głowica prysznicowa

ハンドビデ

Płyn kąpielowy do higieny intymnej

洗面台

Miska do mycia

ボディブラシ

Szczotka kąpielowa

石鹸

Mydło

シャワー用ジェル

Żel prysznicowy

シャンプー

Szampon

浴用タオル

Rękawica kąpielowa

排水口

Odpływ

クリーム

Krem

消臭

Dezodorant

鏡

Lustro

手鏡

Lustro kosmetyczne

かみそり

Golarka

シェービング・フォーム

Pianka do golenia

アフターシェーブローショ
ン

Woda po goleniu

櫛

Grzebień

ブラシ

Szczotka

ドライヤー

Suszarka do włosów

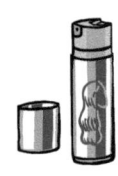

ヘアスプレー

Spray do włosów

化粧

Makijaż

口紅

Pomadka

マニキュア

Lakier do paznokci

脱脂綿

Wata

爪切り

Nożyczki do paznokci

香水

Perfum

洗面用具入れ

Kosmetyczka

スツール

Taboret

体重計

Waga

バスローブ

Szlafrok kąpielowy

ゴム手袋

Rękawice gumowe

タンポン

Tampon

生理用ナプキン

Podpaska damska

ケミカルトイレ

Toaleta chemiczna

子供部屋

Pokój dziecięcy

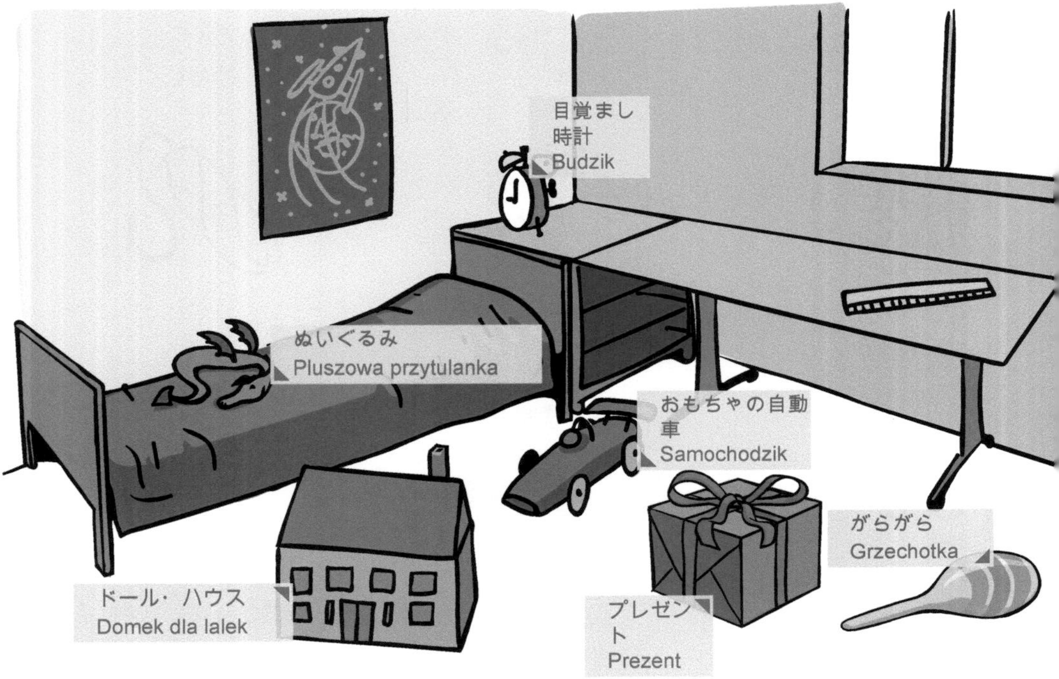

目覚まし
時計
Budzik
ぬいぐるみ
Pluszowa przytulanka
おもちゃの自動
車
Samochodzik
がらがら
Grzechotka
ドール・ハウス
Domek dla lalek
プレゼン
ト
Prezent

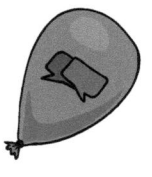

風船

Balon

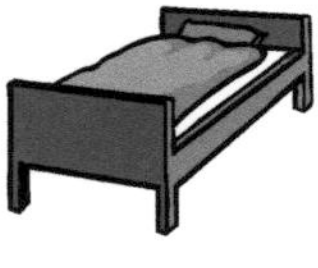

ベッド

Łóżko

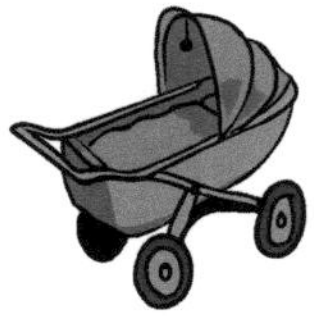

ベビーカー

Wózek dziecięcy

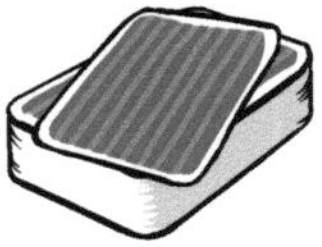

カードゲーム

Gra w karty

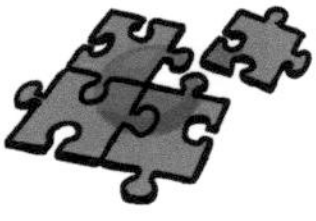

ジグソーパズル

Puzzle

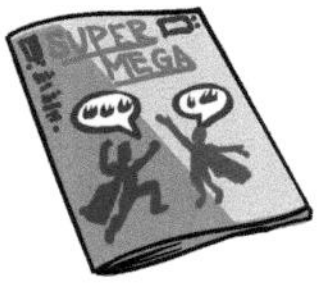

SUPER
MEGA

漫画

Komiks

レゴ

Klocki lego

玩具ブロック

Klocki

アクションフィギュア

Action figura

ロンパース

Śpioszek dziecięcy

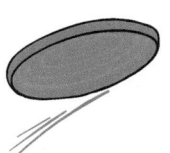

フリスビー

Frisbee

モバイル

Zabawki ruchome

ボードゲーム

Gra planszowa

さいころ

Kości

鉄道模型

Kolejka elektryczna

おしゃぶり

Smoczek

パーティー

Przyjęcie

絵本

Książka z ilustracjami

ボール

Piłka

人形

Lalka

遊ぶ

bawić się

砂場

Piaskownica

ブランコ

Huśtawka

おもちゃ

Zabawki

ゲーム機

Konsola do gier

三輪車

Rowerek trójkołowy

テディベア

Pluszowy miś

衣装ダンス

Szafa ubraniowa

衣服
Ubiór

靴下

Skarpety

ストッキング

Pończochy

タイツ

Rajstopy

スカーフ
Szal

ベルト
Pasek

雨傘
Parasol

Tシャツ
T-Shirt

スニーカー
Obuwie sportowe

ブーツ
Kozaki

スリッパ
Pantofle domowe

サンダル
Sandały

靴
Buty

ゴム長靴
Kalosze

パンツ
Majtki

ブラ
Biustonosz

ベスト
Podkoszulek

ボディースーツ
Body

ズボン
Spodnie

ジーンズ
Dżins

スカート
Spódnica

ブラウス
Bluzka

シャツ
Koszula

セーター
Pulower

パーカー
Bluza sportowa

ブレザー
Marynarka

ジャケット
Kurtka

コート
Płaszcz

レインコート
Płaszcz przeciwdeszczowy

服装
Kostium

ドレス
Sukienka

ウェディングドレス
Suknia ślubna

スーツ

Garnitur męski

ナイトガウン

Koszula nocna

パジャマ

Piżama

サリー

Sari

ヘッドスカーフ

Chusta na głowę

ターバン

Turban

ブルカ

Burka

カフタン

Kaftan

アバヤ

Abaya

水着

Strój kąpielowy

トランクス

Kąpielówki

¥ズボン

Krótkie spodnie

スウェットスーツ

Dres sportowy

エプロン

Fartuch

手袋

Rękawiczki

ボタン
Guzik

メガネ
Okulary

ブレスレット
Bransoletka

ネックレス
Łańcuszek

指輪
Pierścionek

イヤリング
Kolczyk

帽子
Czapka

ハンガー
Wieszak

帽子
Kapelusz

ネクタイ
Krawat

ファスナー
Zamek błyskawiczny

ヘルメット
Kask

サスペンダー
Szelki

制服
Mundurek szkolny

ユニフォーム
Mundur

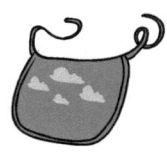

よだれかけ

Śliniaczek

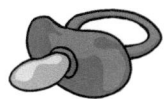

おしゃぶり

Smoczek

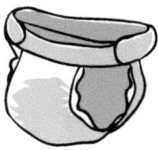

おむつ

Pieluszka

オフィス

Biuro

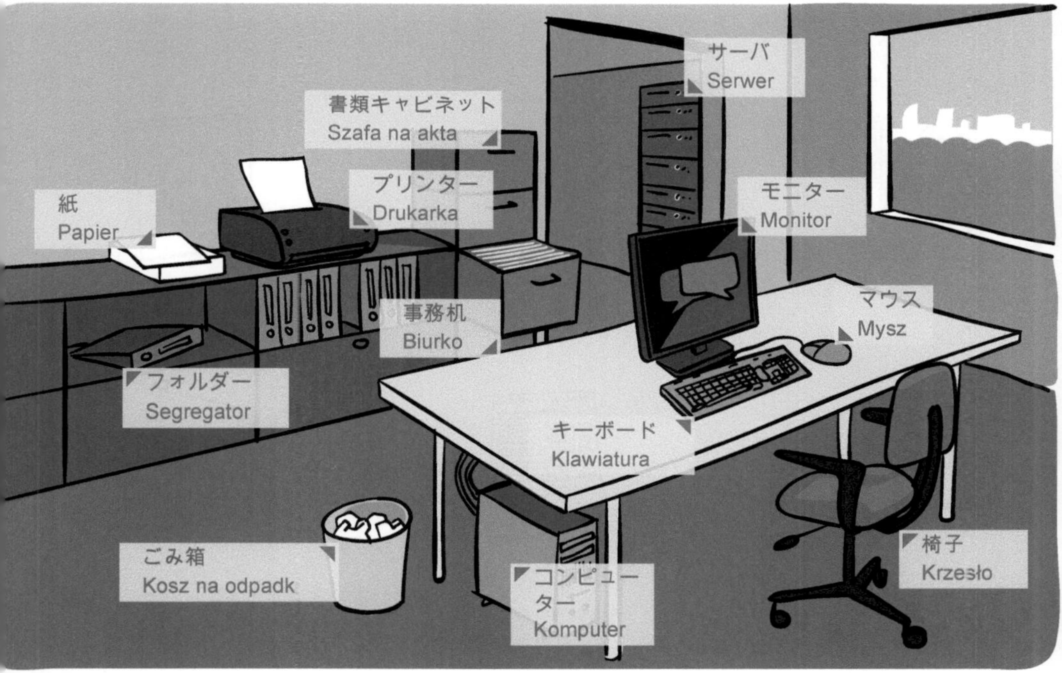

サーバ
Serwer
書類キャビネット
Szafa na akta
紙
Papier
プリンター
Drukarka
モニター
Monitor
事務机
Biurko
マウス
Mysz
フォルダー
Segregator
キーボード
Klawiatura
ごみ箱
Kosz na odpadk
椅子
Krzesło
コンピューター
Komputer

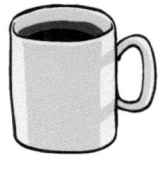

コーヒーマグ

Filiżanka do kawy

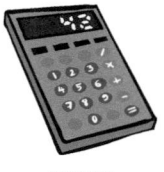

計算機

Kalkulator

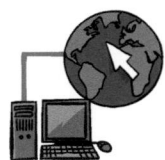

インターネット

Internet

ラップトップ

Laptop

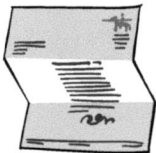

手紙

List

メッセージ

Wiadomość

携帯電話

Komórka

ネットワーク

Sieć

コピー機

Kopiarka

ソフトウェア

Oprogramowanie

電話

Telefon

コンセント

Gniazdko

ファックス

Faks

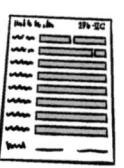

フォーム

Formularz

書類

Dokument

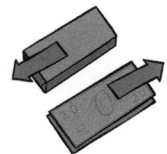

買う

kupić

支払う

płacić

取引する

postępować

お金

Pieniądze

ドル

Dolar

ユーロ

Euro

円

Jen

ルーブル

Rubel

スイスフラン

Frank

人民元

Juan Renminbi

ルピー

Rupia

キャッシュポイント

Bankomat

両替所

Kantor wymiany walut

金

Złoto

銀

Srebro

油

Olej

エネルギー

Energia

価格

Cena

契約

Umowa

税金

Podatek

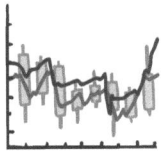

株

Akcja

働く

pracować

従業員

Pracownik umysłowy

雇用主

Pracodawca

工場

Fabryka

ショップ

Sklep

警察官
Policjant

消防士
Strażak

コック
Kucharz

パイロット
Pilot

医師
Lekarz

庭師

Ogrodnik

大工

Stolarz

お針子

Krawcowa

裁判官

Sędzia

化学者

Chemik

俳優

Aktor

バスの運転手

Kierowca autobusu

タクシー運転手

Taksówkarz

漁師

Fischer

掃除婦

Sprzątaczka

屋根ふき職人

Dekarz

ウェイター

Kelner

ハンター

Myśliwy

塗装工

Malarz

パン屋

Piekarz

電気工

Elektryk

建設作業員

Robotnik budowlany

エンジニア

Inżynier

肉屋

Rzeźnik

配管工

Instalator

郵便配達人

Listonosz

軍人

Żołnierz

建築家

Architekt

レジ係

Kasjer

花屋

Florysta

美容師

Fryzjer

車掌

Konduktor

機械工

Mechanik

キャプテン

Kapitan

歯科医

Dentysta

科学者

Naukowiec

ラビ

Rabin

イスラム導師

Imam

修道士

Mnich

牧師

Proboszcz

道具
Narzędzia

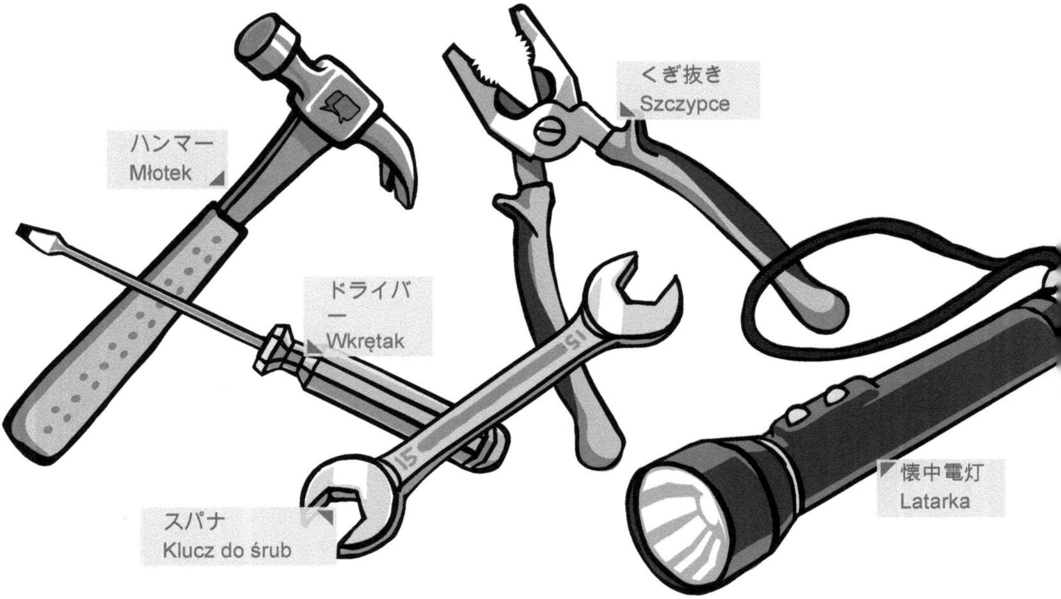

ハンマー
Młotek
くぎ抜き
Szczypce
ドライバ
ー
Wkrętak
懐中電灯
Latarka
スパナ
Klucz do śrub

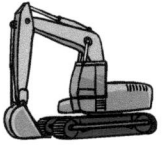

掘削機
Koparka

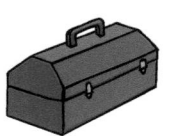

道具箱
Skrzynka narzędziowa

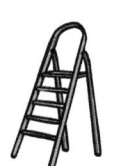

はしご
Drabina

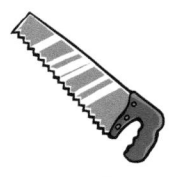

のこぎり
Piła

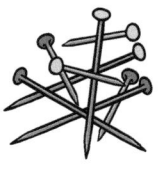

釘
Gwoździe

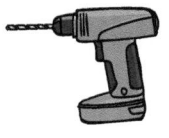

ドリル
Wiertło

修理する

naprawić

シャベル

Łopatka

クソ！

Cholera!

ちりとり

Szufelka

ペンキ缶

Puszka z farbą

ネジ

Śruby

楽器

Instrumenty muzyczne

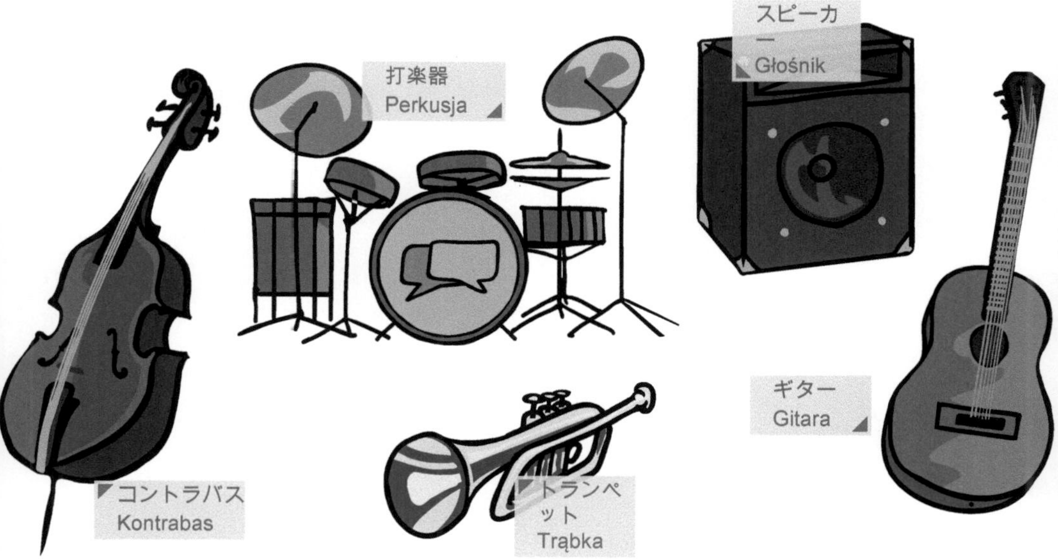

スピーカー

Głośnik

打楽器
Perkusja

ギター
Gitara

コントラバス
Kontrabas

トランペット
Trąbka

ピアノ

Pianino

バイオリン

Skrzypce

バス

Bas

ティンパニ

Kotły

ドラム

Bęben

キーボード

Keyboard

サックス

Saksofon

フルート

Flet

マイクロフォン

Mikrofon

楽器 - Instrumenty muzyczne

動物園
Zoo

虎
Tygrys

入口
▶ Wejście

▶ おり
Klatka

シマウマ
Zebra

飼料 ▼
Pasza

パンダ ▶
Panda

動物
Zwierzęta

象
Słoń

カンガルー
Kangur

サイ
Nosorożec

ゴリラ
Goryl

熊
Niedźwiedź

ラクダ

Wielbłąd

ダチョウ

Struś

ライオン

Lew

猿

Małpa

フラミンゴ

Fleming

オウム

Papuga

白クマ

Niedźwiedź polarny

ペンギン

Pingwin

サメ

Rekin

クジャク

Paw

蛇

Wąż

ワニ

Krokodyl

飼育係

Dozorca w zoo

アザラシ

Foka

ジャガー

Jaguar

ポニー

Kucyk

ヒョウ

Gepard

カバ

Hipopotam

キリン

Żyrafa

鷲

Orzeł

雄豚

Dzik

魚

Ryba

亀

Żółw

セイウチ

Mors

狐

Lis

ガゼル

Gazela

アメフト
Futbol amerykański

サイクリング
Kolarstwo

テニス
Tenis

バスケットボール
Koszykówka

水泳
Pływanie

ボクシング
Boks

アイスホッケー
Hokej na lodzie

サッカー
Piłka nożna

バドミントン
Badminton

陸上競技
Lekka atletyka

ハンドボール
Piłka ręczna

スキー
Narciarstwo

ポロ
Polo

活動

Działania

跳ぶ
skakać
笑う
śmiać się
抱きしめる
objąć
歩く
iść
歌う
śpiewać
夢見る
marzyć
祈る
modlić się
キス
całować

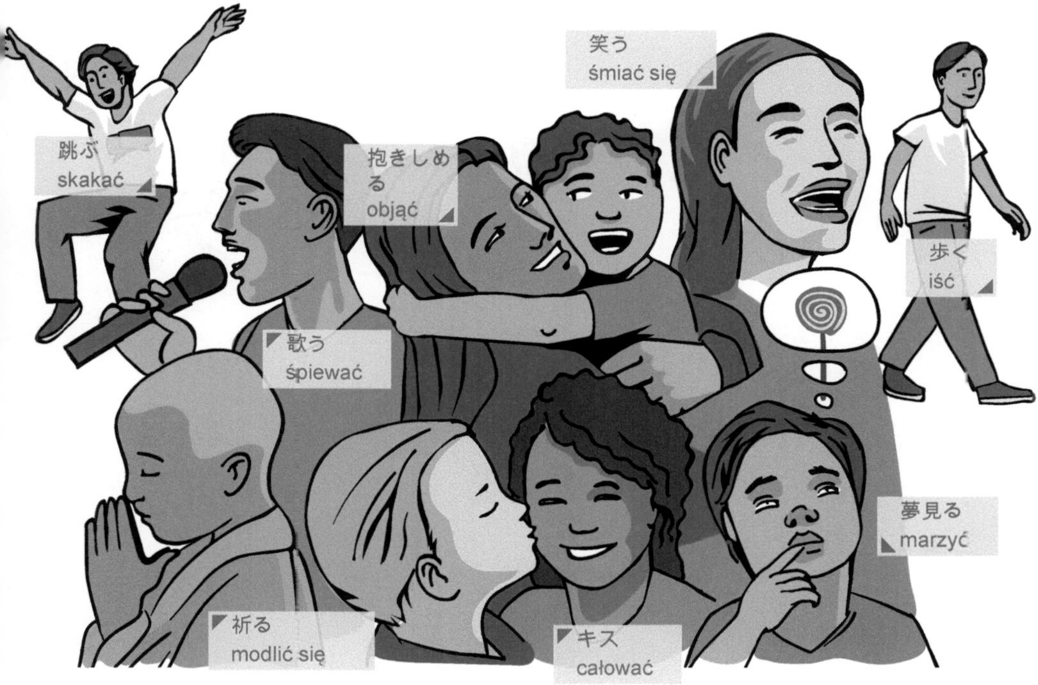

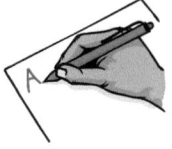

書く

pisać

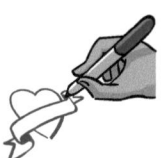

描く

rysować

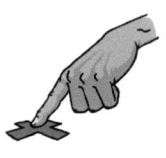

示す

pokazywać

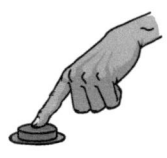

押す

nacisnąć

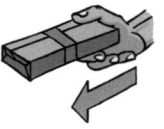

与える

dać

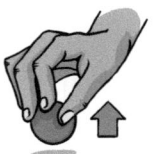

取る

wziąć

持っている

mieć

する

robić

ある

być

立つ

stać

走る

biegać

引く

ciągnąć

投げる

rzucać

落ちる

spaść

横たわっている

leżeć

待つ

czekać

運ぶ

nosić

座る

siedzieć

着る

zakładać

眠る

spać

目が覚める

budzić się

見る

spojrzeć

泣く

płakać

なでる

głaskać

櫛ですく

czesać się

話す

mówić

理解する

rozumieć

質問する

pytać

聞く

słyszeć

飲む

pić

食べる

jeść

片づける

sprzątać

愛する

kochać

料理する

gotować

運転する

jechać

飛ぶ

latać

ヨットに乗る

żeglować

計算する

liczyć

読む

czytać

学ぶ

uczyć się

働く

pracować

結婚する

wejść w związek małżeński

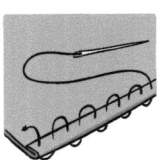

縫う

szyć

歯を磨く

myć zęby

殺す

zabić

喫煙する

palić tytoń

送る

wysłać

家族
Rodzina

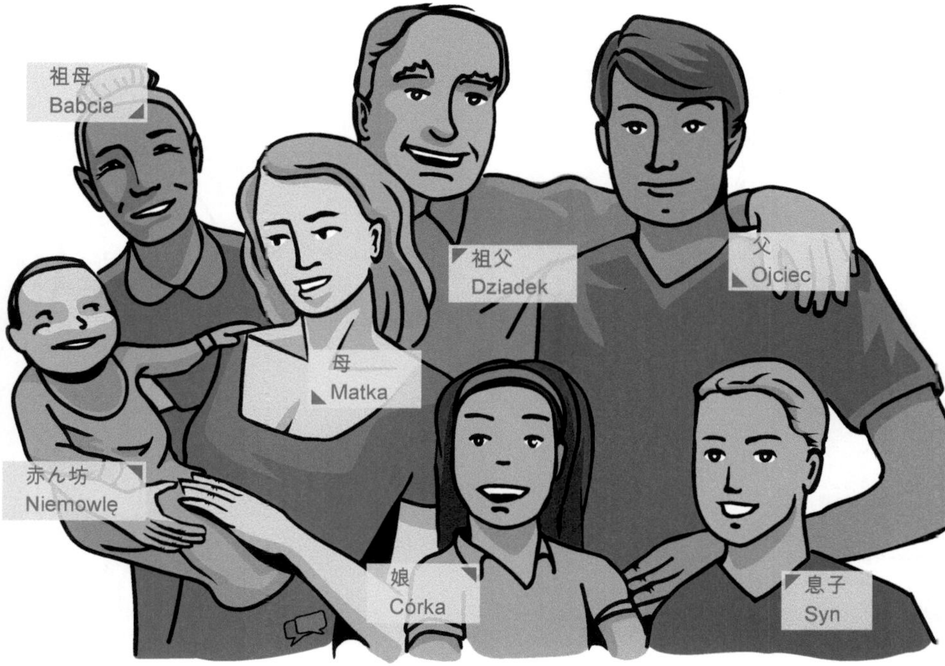

祖母
Babcia
祖父
Dziadek
父
Ojciec
母
Matka
赤ん坊
Niemowlę
娘
Córka
息子
Syn

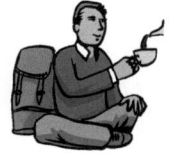

お客様

Gość

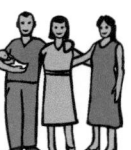

おば

Ciotka

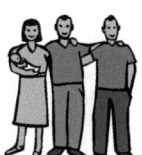

おじ

Wujek

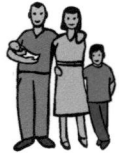

兄弟

Brat

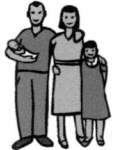

姉妹

Siostra

Ciało

ひたい
Czoło

目
Oko

肩
Ramię

指
Palec

顔
Twarz

あご
Broda

手
Ręka

胸
Pierś

脚
Noga

腕
Ramię

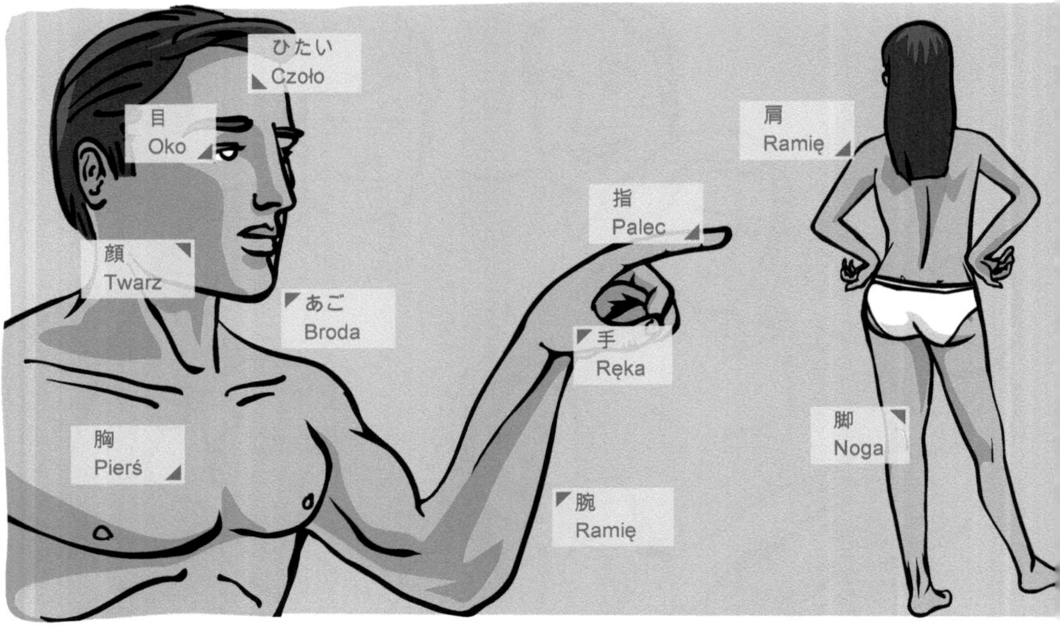

赤ん坊

Niemowlę

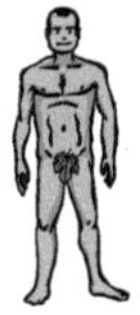

男性

Mężczyzna

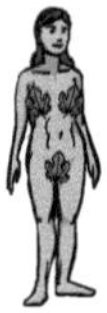

女性

Kobieta

少女

Dziewczyna

少年

Chłopiec

頭

Głowa

背中
Plecy

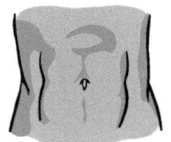

腹
Brzuch

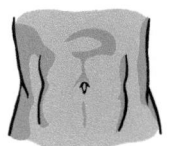

へそ
Pępek

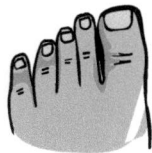

足指
palec nogi

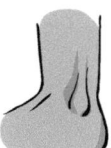

かかと
Pięta

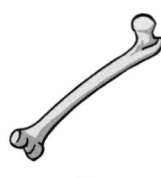

骨
Kość

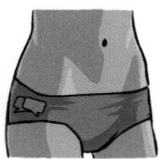

腰
Biodro

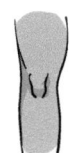

ひざ
Kolano

ひじ
Łokieć

鼻
Nos

尻
Pośladki

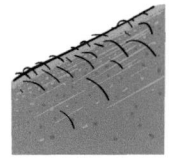

皮膚
Skóra

頬
Policzek

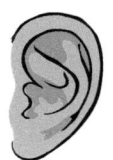

耳
Uszy

唇
Warga

口
Usta

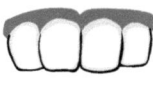

歯
Ząb

舌
Język

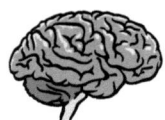

脳
Mózg

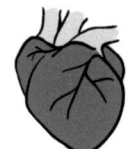

心臓
Serce

筋肉
Mięsień

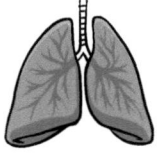

肺
Płuca

肝臓
Wątroba

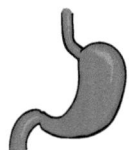

胃
Żołądek

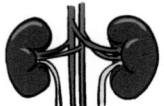

腎臓
Nerki

セックス
Stosunek płciowy

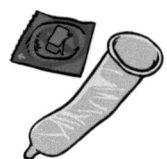

コンドーム
Kondom

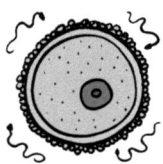

卵細胞
Komórka jajowa

精液
Sperma

妊娠
Ciąża

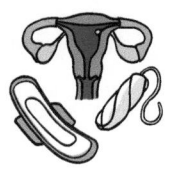

月経

Menstruacja

膣

Wagina

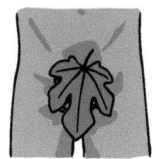

ペニス

Penis

眉

Brew

髪

Włosy

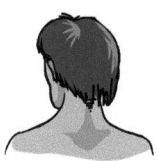

首

Szyja

病院
Szpital

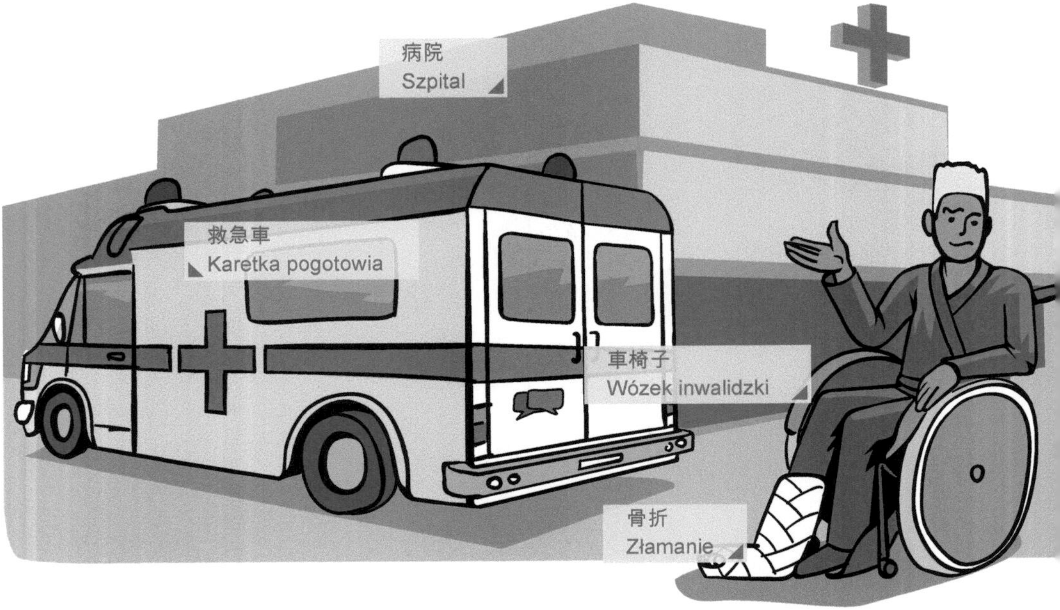

病院
Szpital
救急車
Karetka pogotowia
車椅子
Wózek inwalidzki
骨折
Złamanie

医師

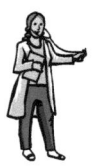

Lekarz

救急治療室

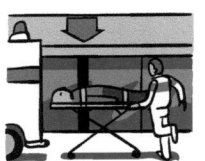

Izba przyjęć

看護師

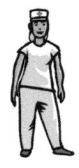

Pielęgniarka

救急

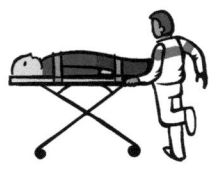

Nagły przypadek

失神

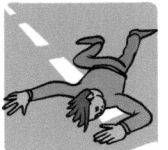

nieprzytomny

痛み

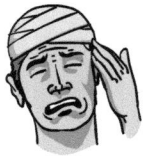

Ból

けが
Skaleczenie

出血
Krwawienie

心臓発作
Zawał serca

脳卒中
Udar mózgu

アレルギー
Alergia

咳
Kaszleć

熱
Gorączka

インフルエンザ
Grypa

下痢
Biegunka

頭痛
Ból głowy

癌
Rak

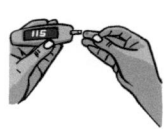

糖尿病
Cukrzyca

外科医
Chirurg

外科用メス
Skalpel

手術
Operacja

CT
CT

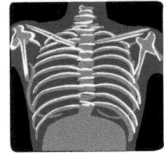

レントゲン
Rentgen

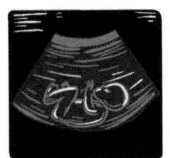

超音波
Ultradźwięki

マスク
Maska

病気
Choroba

待合室
Poczekalnia

松葉づえ
Kula

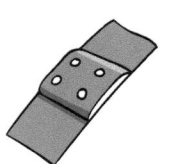

ばんそうこう
Plaster

包帯
Opatrunek

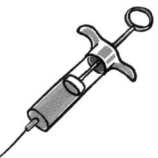

注射
Iniekcja

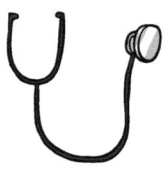

聴診器
Stetoskop

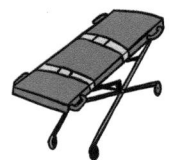

担架
Nosze

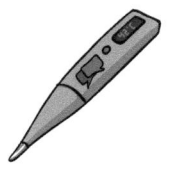

体温計
Termometr

出産
Poród

肥満
Nadwaga

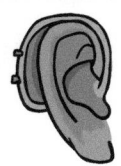

補聴器
Aparat słuchowy

消毒剤
Środek dezynfekcyjny

感染
Infekcja

ウイルス
Wirus

HIV / エイズ
HIV / AIDS

内服薬
Medycyna

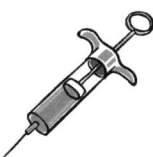

予防接種
Szczepienie

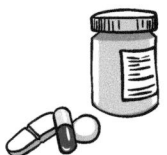

錠剤
Tabletki

ピル
Pigułka

緊急電話
Telefon ratunkowy

血圧計
Ciśnieniomierz krwi

病気の / 健康な
chory / zdrowy

助けて！

Pomocy!

アラーム

Alarm

暴行

Napad

攻撃

Atak

危険

Niebezpieczeństwo

非常口

Wyjście awaryjne

火事だ！

Pożar!

消火器

Gaśnica

事故

Wypadek

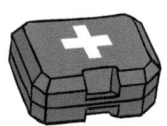

救急箱

Walizeczka pierwszej pomocy

SOS

SOS

警察

Policja

ヨーロッパ

Europa

北米

Ameryka Północna

南米

Ameryka Południowa

アフリカ

Afryka

アジア

Azja

オーストラリア

Australia

大西洋

Atlantyk

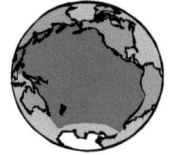

太平洋

Pacyfik

インド洋

Ocean Indyjski

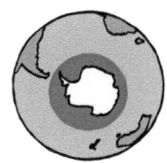

南極海

Ocean Antarktyczny

北極海

Ocean Arktyczny

北極

Biegun północny

南極

Biegun południowy

南極大陸

Antarktyda

地球

Ziemia

陸

Kraj

海

Morze

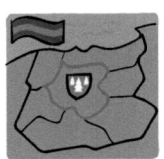

島

Wyspa

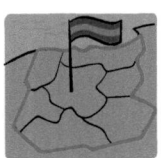

国家

Naród

国家

Państwo

文字盤
Cyferblat

短針
Wskazówka godzinowa

長針
Wskazówka minutowa

秒針
Wskazówka sekundowa

何時ですか？
Która godzina?

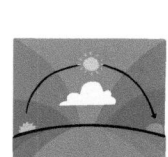

日
Dzień

時間
Czas

現在
teraz

デジタル時計
Zegarek digitalny

分
Minuta

時間
Godzina

週

Tydzień

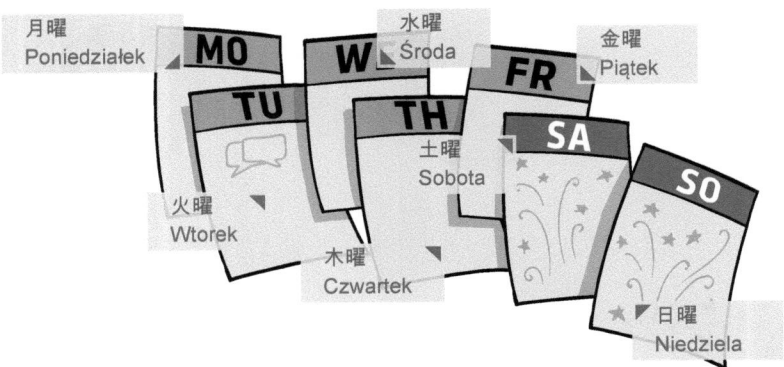

月曜
Poniedziałek

火曜
Wtorek

水曜
Środa

木曜
Czwartek

金曜
Piątek

土曜
Sobota

日曜
Niedziela

昨日
wczoraj

今日
dzisiaj

明日
jutro

朝
Rano

昼
Południe

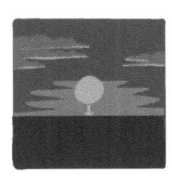

夜
Wieczór

営業日
Dni robocze

週末
Weekend

80   週 - Tydzień

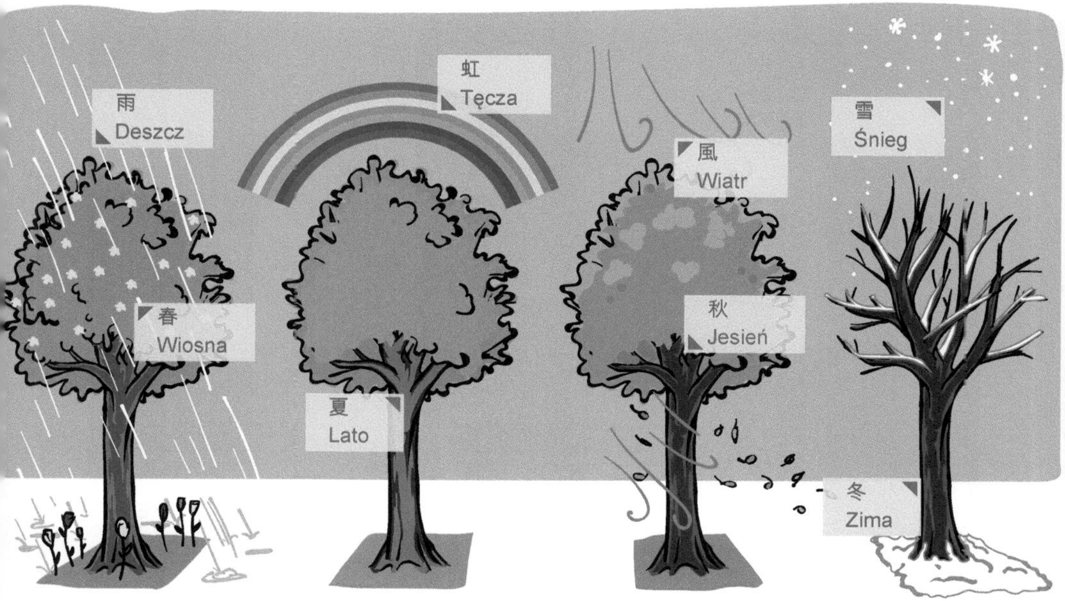

雨
Deszcz
虹
Tęcza
雪
Śnieg
風
Wiatr
春
Wiosna
秋
Jesień
夏
Lato
冬
Zima

4.APRIL 11°
5.APRIL 4°
6.APRIL 13°
7.APRIL 8°
8.APRIL 10°

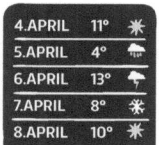

天気予報

Prognoza pogody

F
C

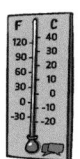

温度計

Termometr

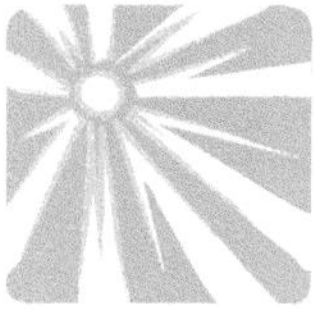

日差し

Światło słoneczne

雲

Chmura

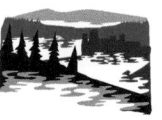

霧

Mgła

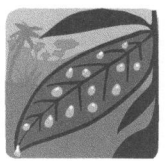

湿度

Wilgotność powietrza

雷

Błyskawica

雷

Grzmot

嵐

Sztorm

ひょう

Grad

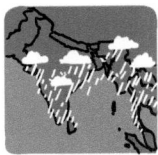

季節風

Monsun

洪水

Potop

氷

Lód

1月

Styczeń

2月

Luty

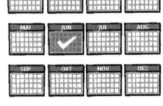

3月

Marzec

4月

Kwiecień

5月

Maj

6月

Czerwiec

7月

Lipiec

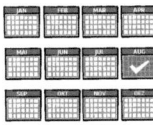

8月

Sierpień

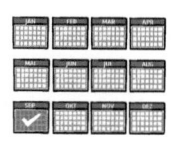

9月
....
Wrzesień

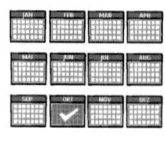

10月
....
Październik

11月
....
Listopad

12月
....
Grudzień

形

Kształty

円
....
Koło

正方形
....
Kwadrat

長方形
....
Prostokąt

三角
....
Trójkąt

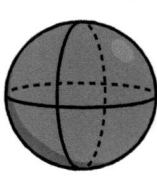

球
....
Kula

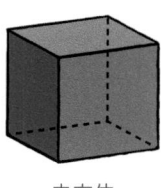

立方体
....
Sześcian

Kolory

白
....
biały

黄
....
żółty

オレンジ
....
pomarańczowy

ピンク
....
różowy

赤
....
czerwony

紫
....
liliowy

青
....
niebieski

緑
....
zielony

茶
....
brązowy

灰色
....
szary

黒
....
czarny

多い / 少ない

dużo / mało

怒っている /
落ち着いている
wściekły / spokojny

美しい / 醜い

piękny / brzydki

初め / 終わり

początek / koniec

大きい / 小さい

duży / mały

明るい / 暗い

jasny / ciemny

兄弟 / 姉妹

brat / siostra

清潔な / 汚い

czysty / brudny

完全な / 不完全な

kompletny / niekompletny

日中 / 夜

dzień / noc

死んだ / 生きている

umarły / żywy

幅広い / 狭い

szeroki / wąski

食べられる　/
食べられない
jadalny / niejadalny

悪意のある　/　親切な

zły / uprzejmy

興奮している　/
退屈じている
podniecony / znudzony

太った　/　痩せた

gruby / chudy

最初に　/　最後に

najpierw / na końcu

友人　/　敵

przyjaciel / wróg

いっぱいの　/　空の

pełen / pusty

硬い　/　柔らかい

twardy / miękki

重い　/　軽い

ciężki / lekki

空腹　/　喉の渇き

głód / pragnienie

病気の　/　健康な

chory / zdrowy

違法な　/　合法な

nielegalny / legalny

賢い　/　愚かな

inteligentny / głupi

左に　/　右に

lewo / prawo

近い　/　遠い

bliski / daleki

新しい　/　中古の

nowy / używany

何もない　/　何かある

nic / coś

老いた　/　若い

stary / młody

オン　/　オフ

włącz / wyłącz

開いている　/
閉まっている

otwarty / zamknięty

静かな　/　うるさい

cichy / głośny

裕福な　/　貧乏な

bogaty / biedny

正しい　/間違っている

prawidłowy / błędny

粗い　/なめらか

chropowaty / gładki

悲しい　/　幸せな

smutny / szczęśliwy

短い　/　長い

krótki / długi

ゆっくり　/　速い

powolny / szybki

濡れた　/　乾いた

mokry/suchy

温かい　/　冷たい

ciepły / chłodny

戦争　/　平和

wojna / pokój

0

ゼロ
zero

1

1
jeden

2

2
dwa

3

3
trzy

4

4
cztery

5

5
pięć

6

6
sześć

7

7
siedem

8

8
osiem

9

9
dziewięć

10

10
dziesięć

11

11
jedenaście

12

12
dwanaście

13

13
trzynaście

14

14
czternaście

15

15
piętnaście

16

16
szesnaście

17

17
siedemnaście

18

18
osiemnaście

19

19
dziewiętnaście

20

20
dwadzieścia

100

100
sto

1.000

1000
tysiąc

1.000.000

100万
milion

英語
Angielski

アメリカ英語
Angielski amerykański

中国標準語
Chiński mandaryński

ヒンディー語
Hindi

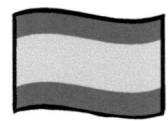

スペイン語
Hiszpański

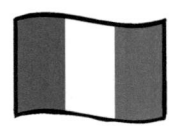

フランス語
Francuski

アラビア語
Arabski

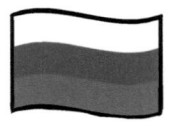

ロシア語
Rosyjski

ポルトガル語
Portugalski

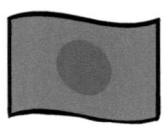

ベンガル語
Bengalski

ドイツ語
Niemiecki

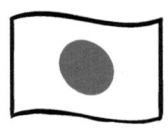

日本語
Japoński

私

ja

あなた

ty

彼 / 彼女 / それ

on / ona / ono

私たち

my

あなたたち

wy

彼ら

oni

誰？

kto?

何？

co?

どうやって？

jak?

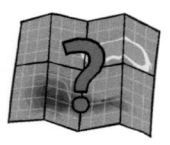

どこ？

gdzie?

いつ？

kiedy?

名前

Nazwisko

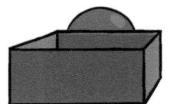

後ろ

za

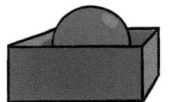

中

w

前

przed

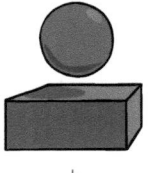

上

powyżej

上

na

下

pod

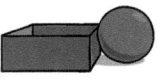

横

obok

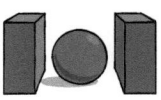

間

między

場所

Miejsce